SUITE
DES ERREURS
SUR LA MUSIQUE
DANS L'ENCYCLOPÉDIE.

Enharmonique. p. 688.

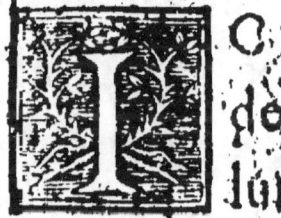

ICI brillent l'érudition de M. Rousseau, & les lumieres qu'il en a tirées pour nous éclairer sur le *Genre Enharmonique*; quelques mots Grecs, au sujet de ce gén-re, se sont offerts à ses yeux

A

comme autant de flambeaux
dont il s'eft laiffé éblouir, &
dont apparemment il a cru pouvoir nous éblouir de même.

Si les effets merveilleux de la
Mufique des Grecs ont pû nous
en impofer, c'eft à tort qu'on y
a compris leur théorie, puif-
qu'elle péche également & contre l'oreille & contre la raifon ;
la preuve en eft dans les faux
rapports qu'ils ont donnés partout aux *Tierces* & aux *Sixtes*,
qu'ils ont par conféquent trai-
tées de diffonnances pendant
près d'un fiécle.

Se peut-il que dans un tems
où s'éprouvoient ces effets merveilleux racontés par les Grecs,

ils ayent été insensibles à la consonnance des *Tierces* & des *Sixtes* comprises dans l'harmonie, qui seule est capable de produire ces effets ; puisqu'elle est seule capable de pénétrer jusqu'à l'ame.

Quand même ces effets n'auroient été dûs qu'à la mélodie, ce qui n'est guéres vraisemblable (a) ; un chant peut-il éxister sans *Tierces* ni *Sixtes* ; ne sera-t-il pas insupportable si peu que ces consonnances y soient altérées ? les Grecs n'ont-ils pas entendus ces mêmes consonnances dans toute leur justesse entre l'ut

(a) Cette question est traitée dans les *Erreurs précédentes sur la Musique*, données en 1755. p. 44. & la suite.

A iij

le *mi* & le *sol* de la Trompette ;
consonnances sur lesquelles seu-
les roulent tous les airs propres
à cet instrument ? consultoient-
ils l'oreille, ou non, pour accorder leurs Lyres, où selon l'ordre
de leurs Tétracordes, se trouvent
une *Tierce mineure* de *si* à *ré*,
une *majeure* d'*ut* à *mi*, & des
Sixtes du même genre à la faveur des octaves ? une consonnance altérée est inappréciable
à l'oreille ; de sorte même qu'en
l'entonnant, sans y penser, on
ne peut que l'entonner juste : la
Nature guide l'oreille, l'oreille
guide la voix, ainsi tout rapport
donné à un intervalle ne déter-
minera jamais l'oreille à s'y prê-
ter, s'il n'est naturel.

Que de raisons contre la con-
duite des Anciens dans leurs systêmes de Musique ? comment
est-ce qu'aucune de ces raisons
ne s'est présentée à l'esprit de
leurs admirateurs, & surtout de
nos Modernes, à qui l'invalidité
de ces systêmes s'est faite assez
connoître depuis Zarlino.

On ne comprend pas com-
ment les Grecs ont pû se dis-
penser de consulter l'oreille sur
leurs systêmes de Musique, pendant que c'est par son seul ca-
nal qu'ils ont pû juger des effets
de cet Art : d'où leur est venue,
par exemple, l'idée d'harmonie,
qui dérive *d'αρμος* ; c'est-à-dire,
proportion des choses qui s'entre-

tiennent, si ce n'est, sans doute, de *l'octave* divisée par la *Quinte* & la *Quarte*, dont se forme cette proportion 2, 3, 4 ? & comment n'ont-ils pas été curieux d'éprouver la même proportion entre 3, 4, 5, & 4, 5, 6, où ils auroient pour lors éprouvé la consonnance des *Tierces* ? tout parle contre eux, quelque raison qu'on apporte pour pallier leur erreur.

Quant à la fable où l'on veut que Pythagore ait, de sa propre autorité, déterminé le rapport du *Diton*, dit, *Tierce majeure*, je ne crois pas qu'on l'ait jamais trouvée dans ses écrits : apparemment que n'ayant pû découvrir la fource de fon fyftême, on lui a prêté cetto fablo, en lui fuppofant, en même tems, un défaut de jugement, comme M. Rameau l'a déja remarqué (a).

Les rapports de quelques objets que ce foit nous feront-ils jamais connus, avant que d'en avoir pû juger fur le rapport de nos fens? puis-je prétendre que deux grandeurs font femblables fans les avoir vûës, touchées, ni mefurées? comment Pythagore a-t-il jugé des rapports de l'Octave, de la *Quinte*, & do la *Quarte*, fur lefquels fon fyftême eft fondé, fi ce n'eft en

(a) Obfervations fur notre inftinct pour la Mufique, p. 16. & la fuite.

entendant ces confonnances , &
en leur attribuant enfuite les rapports des corps qui les lui ont
fait entendre ? pourquoi donc
n'en auroit-il pas fait autant du
Diton , s'il n'eût pas été féduit,
fans doute , par les progreffions
que ces premiers rapports lui
ont fuggéré ? (*a*) progreffions
où fe trouvent les rapports , bons
ou mauvais , de tous les intervalles propres à la Mufique , & fur
lefquels fa prévention en faveur
de fa découverte lui a fait négliger apparemment toute autre
preuve ; mais les Sectateurs de
ce Philofophe , tous les Grecs en
un mot , devoient-ils s'en tenir

(*a*) Ibidem.
III A

là ? qu'ont-ils fait de leur oreille
en adoptant fon fyftême?

Rien n'eft plus concluant fur
l'ignorance des Anciens en Mufique, que les différents *Syftê-*
mes Diatoniques dont ils nous
ont fait part, lorfqu'il n'y en a
qu'un dans la Nature, qui feul
nous eft fuggéré. Qui plus eft,
que fignifient ces *Syftêmes Chro-*
matiques & Enharmoniques qu'ils
propofent, lorfqu'il n'y a qu'un
feul intervalle de chacun de ces
genres, & lorfque le Diatonique, qui préfide partout, ne
peut jamais être interrompu que
par l'un de ces intervalles? Que
dis-je ! l'Enharmonique ne peut
pas même exifter par l'intervalle

qui le conſtituë, comme je vais l'expliquer.

Quant aux genres *Diatoni-ques Enharmoniques* , & *Chro-matiques Enharmoniques* , ce ſont des extraordinaires auxquels aucun ſyſtême ne convient , & dont il ſuffit d'expliquer l'ordre, qui conſiſte d'un côté en deux *demi-tons majeurs* de ſuite , & de l'autre , en deux *mineurs.*

Jamais le *quart de ton* , dont ſe forme le genre Enharmoni-que, ne peut avoir lieu en har-monie , non plus qu'en mélodie, parce qu'il eſt inappréciable à l'oreille ; & ſi en miſlant , en gliſſant le doigt ſur une corde, on peut y paſſer , on ne peut jamais s'y fixer, comme au *ton* & au *demi-ton*, encore ne fait-on pas lequel des deux *demi-tons* on entonne, le *majeur* ou le *mineur*, dès qu'aucun senti-ment de modulation n'y parti-cipe, parce que leur différence, qui est de ce *quart de ton*, ne peut s'apprétier.

Aussi n'est-ce ni sur le quart de ton des Grecs, ni sur celui que donne la différence des deux demi-tons, que doit se fonder le genre Enharmonique; mais bien sur les deux sons en diffé-rence de ce quart de ton, savoir par exemple, *ut* & *si dièze*, qui n'en peuvent plus former qu'un

dans l'exécution , attendu l'ina-
prétiabilité do leur différence :
or il se trouvé autant de diffé-
rences entre ces deux sons , qu'il
y a de colomnes dans les progreffions (*a*) : dans la première
colomno *si diéze* surpaffe *ut* du
comma maxime , dit *de Pythagore* : dans la seconde , il ne le
surpaffe plus que de l'excès de
ce *comma* sur le *majeur* : dans la
troisiéme , *ut* surpaffe à son tour
si diéze du *comma mineur* : &
dans la quátriéme , il le surpaffe
enfin du vrai quart de ton , for-

(*a*) Nouveau Systême de Mufique &c.
Génération Harmonique, & Démonftration
du Principe de l'Harmonie.

mé. du *comma majeur* & du *mineur* (a). Croira-t-on pour lors
que le même intervalle fera la
différence de ces deux fons partout où ils pourront fe fuccéder
immédiatement ? les douze *Modes* (b), où l'on peut paffer à la
faveur de l'accord de la *feptiéme
diminuée*, feul accord propre au
genre en queftion, fe prendront-
ils tous dans la même colomne,
vû l'extrême différence qui doit
fe trouver entre leurs différents rapports ? On en peut faire

(a) Comma Maxime.		Comma Majeur.	
18e octave	fi diéze	4e octave du mi	mi de la pré-
d'un		de la 2e colom-	miere co-
524288.	531441.	ne. 80.	lomne. 81.
Comma Mineur.		Quart de ton.	
fi diéze de la	11e octave	fi diéze de la	7e octave
5e colomne	d'un	4e colomne	d'un
2025.	2048.	125.	128.

(b) P. 56. des Erreurs précédentes.

l'épreuve , & l'on s'appercevra que toute différence pareille à celle d'*ut* à *fi dièze* , fera différemment fenfible, & que même elle coûtera plus ou moins au Chanteur , felon le plus ou le moins de rapport entre les deux *Modes* qui s'y fuccéderont.

Si les *Modes* donnés par les Grecs pouvoient faire augurer qu'ils connoiffoient furtout le *Mode mineur*, dans lequel feul l'*Enharmonique* eft pratiquable, même le *Chromatique* , à peu de chofes près : fi l'on en pouvoit augurer , d'ailleurs , qu'ils pratiquoient les tranfpofitions de *Modes*, & que par ce moyen ils poffédoient l'art de paffer d'un

Mode à un autre, on auroit encore lieu de douter de la régu-
larité de leur pratique, vû les
preuves qu'ils donnent d'ailleurs
de leur ignorance en harmonie;
mais tous leurs différents *Modes*
ne font que le même *Mode majeur* tiré de leur Tétracorde diatonique conjoint ou disjoint, &
dont l'ordre des fons est simple-
ment varié, en faifant commen-
cer l'un par *ut*, l'autre par *ré* &c.

  Le demi-ton de *fi* à *ut* par
où débute en montant le Tétracorde que je viens de citer, &
fans lequel aucun repos abfolu,
dit en termes de l'art, *cadence
parfaite*, ne peut fe terminer
harmoniquement fur la *Tonique*,

c'est-à-dire, sur la note par où
le Mode commence & finit, &
sur laquelle il roule : ce même
demi-ton, dis-je, n'a justement
lieu que dans le Mode soumis à
ce Tétracorde : si bien que tous
les autres Modes anciens n'ont
que des finales apparentes en
montant à cette tonique & nullement réelles, comme on s'en
apperçoit assez dans la plupart
des Chants d'Eglise.

　　Partout où manque ce demi-
ton en montant à la *Tonique*, le
sentiment du Mode qu'elle consti-
tuë ne peut se communiquer à
l'oreille, & partout encore où il
manque, l'Enharmonique ne
peut se pratiquer : si donc les
Grecs

Grecs ont donné à ce dernier genre le titre de *doux* ; apparemment qu'ils en faisoient consister la douceur dans le miolement, seul moyen par lequel ils en ont pû faire l'épreuve : aussi ce mauvais goût n'a-t-il pas subsisté longtems parmi eux, & bientôt en a-t-il été banni tout-à-fait.

Comment est-ce que les partisans des Modes anciens ont pû ignorer que différens Peuples attribuoient différentes expressions à un même Mode. Ceux-ci vouloient que le Mode Phrygien fût menaçant, furieux, parce qu'on y exécutoit des Airs vifs, dont le seul mouvement pouvoit

B

exciter le courage, la colére,
fur des Inftrumens éclatans & bruians: ceux-là vouloient, au contraire, que ce même Mode fût trifte, lugubre, parce qu'ils l'entendoient, dans des Enter-rémens, fur des inftrumens doux, avec des airs lents (a): de forte que les uns & les autres attri-buoient pour lors au Mode mê-me ce qui n'étoit occafionné que par le fon de l'inftrument & le caractère des airs. La même con-trariété de fentimens, à l'égard de quelques autres Modes, fe ré-marque encore entre différents Auteurs Grecs; mais il falloit,

(a) Chap. V. de la IVᵉ. Partie des Inftitu-tions harmoniques de Zarlino. On trouve en-core dans Ptolemée dequoi autorifer cette citation.

ou passer sous silence de pareilles anecdotes, ou se taire sur le compte d'une antiquité qu'on vouloit préconiser à quelque prix que ce fût. M. Rousseau semble vouloir suivre le même parti sur la question présente, & s'il ne la porte pas jusqu'à sa fin, c'est apparemment pour en prendre occasion de nous en prescrire les loix, selon ce qui va bientôt paroître, ou du moins pour en suspendre le jugement jusqu'au mot *Genre* où il renvoye; ce qui lui est assez familier; ayant également renvoyé à *genre* au sujet du *Chromatique* (a), à *Préparer* pour

(a) Dictionnaire Encyclopédique lettre C, p. 387, 3ᵉ colonne.

la préparation de la diſſonnan-
ce (*a*) , & à *Cadence* pour auto-
riſer une fauſſe conſéquence de
ſon imagination, où il interpelle
les vrais principes , la raiſon : ne
s'en eſt-il jamais écarté ? on va
voir, du moins ici, ce qu'on en
doit penſer. Au reſte s'il a déja
oublié de rappeller ce dernier
renvoi , n'y a-t-il pas lieu de
craindre qu'il n'en faſſe autant
des autres.

Ces ſortes de renvois ſont des
moyens aſſez adroits pour élu-
der des ſolutions difficiles &
quelquefois impoſſibles ; ou du
moins pour tenir en ſuſpend ſur
des idées chimériques , ſur de

(*a*) Ibid. lettre D. p. 1050 2° colomne, J.

mauvaises critiques : celui de *Cadence* , par exemple , dont voici la teneur , est justement dans l'un & l'autre cas : *ainsi par les régles ordinaires , l'harmonie qui naît d'une succession de dissonances descend toujours , quoique selon ses vrais principes & selon la raison , elle doive avoir en montant une progression toute aussi réguliere qu'en descendant.* Voyez *Cadence* (a). Opinion absolument détruite dans les Erreurs précédentes , page 96 , & la suite ; mais capable cependant de séduire le Lecteur au point de croire la chose possible , ou de l'entretenir dans le doute jus-

_____
(a) Ibid. p. 76, Lettre A. 2° colomne 1.

qu'à ce qu'il en ait trouvé la vé-
rification dans l'article de *Cadence*, où l'on ne la rappelle
point, excepté qu'on n'y veuille
faire rapporter cette régle pleine
d'erreurs : (a) *la Sixte & l'octave montent sur la tierce & la
quinte de l'accord suivant, tan-
dis que la quinte & la tierce
restent pour faire l'octave & préparer la Sixte* : régle qui cependant n'est nullement annoncée
comme preuve de l'article d'où
l'on a renvoyé.

Pour sentir toute l'incongrui-
té d'une pareille régle, il suffit
de se mettre au fait des premie-

(a) Ibid, p. 514. Lettre C. seconde colomne, pénultième alinéa.

res loix de la Nature dans les
fucceffions, tant fondamentales,
qu'harmoniques.

On voit dans toute fucceffion
donnée par les rapports tirés du
principe, que les nombres ne
fe furpaffent jamais que d'une
unité : moyen dont Zarlino
même s'eft fervi, comme d'une
heureufe découverte, partout
où il s'eft offert à lui pour dé-
montrer la vérité d'une fucceſ-
fion : d'un autre côté, la régu-
larité de l'accompagnement, la
plénitude de l'harmonie, l'oreille,
le goût, tout y foufcrit.

Exemple de la *Cadence irré-*
guliere dont il s'agit, où pour
lors la *Sixte* s'ajoute au premier

des deux accords parfaits qui forment cette *Cadence.*

$$\left\{ \begin{array}{cc} 5^e. & 8^e. \\ sol. & sol. \\ 12. & 12. \end{array} \right\}$$
$$\left\{ \begin{array}{cc} 5^e. & 3^e. \\ mi. & mi. \\ 10. & 9. \end{array} \right\}$$
$$\left\{ \begin{array}{cc} 8^e. & 3^e. \\ ut. & b\,si. \\ 16. & 15. \end{array} \right\}$$
$$\left\{ \begin{array}{cc} ut. & sol. \\ 2. & 3. \\ B. \text{ fond. le} \end{array} \right\}$$

Ici la *quinte* reste pour faire l'*octave*, comme on le dit 12. 12. 6. 6. ou 3. 3. c'est tout un, les nombres doublés ne représentant jamais que des *octaves*; mais la *tierce* 10. descend sur la *quinte* 9. & l'*octave* 16. sur la *tierce* 15. Tell est l'ordre primitif duquel on ne peut déroger sans en détruire tout l'agrément dans un fond d'harmonie, excepté que le goût du chant n'engage à varier la succession légitime des consonnances, comme cela se peut, en donnant à l'une ce qui tombe de droit à l'autre.

Quand on ajoute la *Sixte* à l'accord parfait d'*ut* pour former la *Cadence irrégulière*, c'est une additon de goût qui n'est point absoluë, & qui sert seulement à prévenir plus décisivément l'oreille sur une cadence, effectuée d'ailleurs par la seule harmonie fondamentale d'*ut* à *sol*.

Il est vrai que la *Sixte ajoutée* formant une dissonnance majeure qui doit absolument monter sur la *tierce*, il vaut mieux, en ce cas, faire monter l'octave sur la *quinte*, que la faire descendre sur la *tierce*, parce que, selon les loix du principe, la

quinte se trouve doublée avant
la *tierce* ; mais ce mieux n'est
pas absolument de droit ; 1°. le
goût du chant peut s'y opposer ;
2°. on peut se passer de la *Sixte
njoutée* , & pour lors cette octave rentre dans tous ses droits.

Quant à la *tierce* , elle doit
nécessairement descendre sur la
quinte , sans pouvoir jamais *préparer la Sixte* comme on le dit :
la *Sixte ajoutée* au premier accord annonce une *Cadence* , ou
repos , qui doit toujours se terminer sur le deuxiéme accord ,
avant que celui-ci puisse rece-
voir de nouveau la *Sixte djou-
tée* , selon l'énoncé des précédentes Erreurs à la suite de la

pag. 96. où je viens de renvoyer ; qui plus est , la *Sixte*
qu'on prétend faire *préparer* par
cette *tierce* , est une dissonnance
majeure, qui ne doit jamais se
préparer. Je ne m'étonne plus si
l'on a renvoyé à *Préparer* au sujet
de la préparation de la dissonnance , puisqu'on prouve ici , sans y
penser , l'ignorance où l'on est
sur cet article.

Pour faire naître encore du
mystère sur l'Enharmonique ,
M. Rousseau dit : *Comme ce genre*
est assez peu connu , & que nos
Auteurs se sont contentés d'en
donner quelques notions , nous
croyons devoir l'expliquer ici un
peu plus clairement. (*)

Comme ce genre est assez peu connu, les Grecs le connoissoient-ils eux-mêmes ? Est-ce assez du titre & de l'intervalle pour en conclure ? Eh ! comment conclure, sur le titre & l'intervalle, s'ils ont dû paroître diamétralement opposés ? Cette opposition ne devoit-elle pas être traitée avant toute chose ? N'est-il pas du ressort des Dictionnaires de donner d'abord l'étymologie des mots composés ; surtout quand ce sont des termes scientifiques, dont les parties concourent d'ordinaire à donner l'idée la plus distincte de la chose qu'ils expriment (a) ?

(a) Pourquoi négliger cette étymologie ?

Si en ce cas nous trouvons dans toutes les racines grecques que *ν* signifie *dans* & jamais *hors*, comment accorder ce mot,

après avoir donné celle de *Diatonique* & de *Chromatique ?* pourquoi renvoyer à *Genre* au sujet de l'*Enharmonique* & du *Chromatique*, sans en avoir fait autant à *Diatonique ?* Ne font-ce pas trois genres différents ? Et lorsque le mot emporte avec soi un genre particulier, n'est-ce pas la première chose dont nous devons être inftruits ? ne faudroit-il pas un volume entier pour expliquer les différents genres des choses qui en font susceptibles, fi l'on renvoyoit à *Genre* à chaque mot qui les exprime ? n'est-ce pas abufer de la confiance des Curieux, qui comptent trouver à un mot ce qu'ils n'y trouvent point ? il faut donc qu'ils attendent : hé bien ! patience ! du moins le mot *Genre* viendra-t-il plutôt que celui de *Préparer*, auquel on a aussi renvoyé pour ce qui regarde la *Préparation des Diffonnantes.*

Enharmonique, qui signifie pour lors *dans l'harmonie*, avec le quart de ton, qui effectivement est hors de l'harmonie ?

On voit assez par cette seule opposition du titre & de l'intervalle, que tous les Admirateurs de la Musique ancienne n'y ont applaudi que parce qu'ils n'y comprenoient rien. Qu'ont-ils pû comprendre d'ailleurs par des systêmes toujours remplis de faux rapports ; & par des Modes fondés sur ces systêmes ? Si ♭ a signifié *hors* chez les Grecs, dans cette occasion, c'est ce que nul n'a encore expliqué : & quand même cette signification auroit eû lieu parmi ces Grecs, tous

leurs raifonnemens fur ce fujet
ne les exempteroient pas moins
d'erreurs.

Comme ce genre eſt affez peu
connu, & que nos Auteurs ſe
ſont contentés d'en donner quelques notions. Eh ! quelle notion
auroit-on pû donner d'une choſe
incompréhenfible, en ce qu'elle
eſt impraticable de la maniere
dont elle eſt expoſée ? M. Rameau, par exemple, ne paroît
pas avoir prétendu parler de l'Enharmonique des Grecs, quand
il en a donné les loix dans ſa
Génération harmonique, p. 149.
article 11, il s'y eſt ſeulement
ſervi du terme en uſage, & je
ne doute point que, comme

moi, n'ayant pas confulté les racines grecques, il n'ait toujours
crû que *ù* fignifiât *hors*.

Nous croyons, continuë l'Auteur, *devoir l'expliquer ici un
peu plus clairement*. Quelle eft
cette explication ? c'eft juftement
celle qu'en donne, mot pour
mot, M. Rameau à l'article de fa
Génération harmonique, où je
viens de renvoyer, & où il n'eft
effectivement queftion que des
quatre Modes cités dans l'explication ; mais on doit fe fouvenir
que j'en ai accufé douze dans les
Erreurs précédentes, p. 56.

Comment accorder ces deux
phrafes, & comme nos Auteurs
fe font contentés d'en donner quelques

ques notions, nous croyons devoir
l'expliquer &c. Lorsque l'explication eſt tirée mot pour mot
d'un Auteur qui par conſéquent
a donné plus que *quelques notions*
de la choſe ?

La notion que donne d'ailleurs
Zarlino de l'Enharmonique des
Grecs eſt des plus claires (a), &
je crois qu'on peut le mettre au
nombre de nos Auteurs : on y
trouve, entr'autres, une remarque
qui prouve bien l'ignorance dans
laquelle ces Grecs ont été ſur
l'origine du ſyſtême de Pythagore. Les Anciens vouloient, dit-il,

(a) Fin du Chap. 18. de la ſeconde Partie
des Inſtitutions, où ſe trouve expoſé le *Tetra-*
ſordo Enharmonico antico.

C

que le *Diezis*, c'eſt-à-dire ici, le *quart de ton*, fût la moitié du demi-ton mineur.

Outre que la Nature nous apprend que c'eſt toujours de la diviſion du plus grand des deux intervalles qui en compoſent un autre, que doit ſe former celui qui convient à l'harmonie, & par conſéquent à la mélodie; de ſorte que le quart de ton auroit dû ſe tirer pour lors de la diviſion du demi-ton majeur, s'il en eût pû dériver, c'eſt que dans la progreſſion triple, le demi-ton de *ſi* à *ut*, le ſeul naturel, celui qui doit être majeur, celui là-même que Pythagore a nommé *Leimma* pour

paſſer de la Tierce majeure à la
Quarte , ſe trouve juſtement
moindre que le mineur d'*ut* à
ut diéze , par les faux rapports
que cette progreſſion , jointe à
la double , leur aſſigne ; il eſt
vrai que , comme je l'ai déja
dit , la différence de ces deux
demi - tons eſt inſenſible dès
qu'on les iſole , c'eſt-à-dire, dès
qu'on voudra entonner l'un ou
l'autre ſeul , ſans le ſecours d'aucun ſentiment de modulation :
au lieu qu'en les entonnant de
ſuite , le majeur , le *Leimma* ,
coule de ſource , en ſe préſen-
tant toujours le premier ; & le
mineur qui vient enſuite ne
s'exprime point ſans qu'il n'en

coute de façon ou d'autre. Ce
qui prouve bien que les Dogma-
tistes Grecs en Musique n'y ont
guéres consulté l'oreille, puisqu'ils ont été insensibles au con-
traste étonnant entre leurs demi tons, & ceux qui se tirent
de la résonnance du corps so-
nore, & qui seuls nous sont
suggérés, le majeur comme naturel, & le mineur comme l'é-
tant beaucoup moins.

: Infatués sans doute de leur
hypothése, ils s'en sont tenus
aux calculs qui en découlent;
calculs dont la fausseté naît de
la fausse idée qu'ils avoient des
Tierces & des Sixtes; Idée dont
la fausseté naît de ne s'en être

C iij

rapportés qu'à la seule octave divisée par la Quinte & la Quarte : Quinte dont la division à laquelle ils se sont tous refusés, donne, de son côté, deux Tierces également consonnantes : ne voit-on pas encore Ptolémée s'applaudir, non d'avoir trouvé la ton mineur, & en conséquence les vrais rapports des Tierces & des Sixtes qu mais bien d'avoir trouvé le tout à l'aide de la même hypothèse ?

Voilà les garans dont M. Rousseau s'autorise aujourd'hui ; il préfére les ténebres à la lumiére qui s'offre de tout côté ; & nous renvoye bien loin aux risques d'oublier les renvois comme il

l'a déja fait. Poúvois-je avoir
en vûe tout autre que lui ; lors-
qu'à la fin des Erreurs précédentes j'ai dit, je ne me fuis éten-
du &c, que pour mettre les Editeurs sur la voye &c. puisqu'il y
est seul répréhensible ? Au reste, ces mots *les Edi-*
teurs, ne font pas de mon chef,
& certainement je ne les aurois
pas adoptés, si j'eusse pû soup-
çonner que ceux qui n'ont point
de part aux Erreurs s'y fussent
crû compris: qui plus est, M.
Ranieali, à qui j'ai communiqué
ces Erreurs, & qui m'y a même
aidé par ses conseils, m'a toujours recommandé d'avoir les
plus grands égards pour les prin-

cipaux Editeurs du Dictionnaire ;
ce sont des Philosophes, m'a-t-il
dit, que j'estime infiniment, &
que j'ose regarder comme mes
amis, ayant enseigné pendant
plusieurs mois, à l'un d'eux, tout
ce qu'il a desiré savoir de la Musique Théorique, lui ayant four-
ni des Manuscrits en grand nombre sur la Théorie & la Pratique
de cet Art, & lui ayant même
offert d'examiner ceux qu'on lui
fourniroit d'ailleurs.

Lû & Approuvé ce 3. Mars 1756.

TRUBLET.